Velhos Suicidas

J. L. Silva

"Descansem o meu leito solitário
Na floresta dos homens esquecida.
À sombra de uma cruz, e escrevam nela:
– Foi poeta – sonhou – e amou na vida"

Lembranças de morrer, Álvares de Azevedo

DEDICATÓRIA

À dona Maria

uma mulher das Letras

que mesmo sem tê-las

cultivou-as em mim

pegarei meus versos

e os jogarei pro alto

e, quem sabe, assim

você os leia aí das estrelas

SUMÁRIO

Velhos suicidas

Existem diversas vidas
alheias, fúteis e perdidas
tão irracionais
e tão desiguais
que entendo os velhos suicidas

Soneto insignificante

É aqui que me encontro com a arte,
em tinta e papel, gravo meus versos;
às vezes sombrios, às vezes dispersos,
porém, sinceros, a fim de tocar-te.

Escrevo a esmo, de modo aparte,
para mostrar sentimentos diversos
e se chegarem a serem impressos
quero que te sintas como um comparte.

Afinal, quem herdaria estas rimas?
Quem consideraria isto obras-primas?
Uma mera estrofe, frases jogadas.

Mesmo assim, continuo a grafá-las,
sei que seu destino serão as valas,
pois, para muitos, elas não são nada.

O verso do inverso

Vide o verso
inverso e imerso
no inferno
do meu inverno
interno
de frio e calor

Vide a vida
sofrida e perdida
na escrita
que me grita
restrita
e cheia de bolor

Vide a prosa
formosa e necrosa
na crosta
das minhas costas
exposta
noite e dia

Vide a jornada
suada e grafada
no texto
do meu contexto
pretexto
à poesia

Poetas e querubins

Todos os poetas são suicidas
de verdade, é de nascença
todos nós nascemos assim
e isso aumenta com a vida
então a gente sempre pensa
nessa tristeza por um fim

Quem quiser que acredite em mim
desconfiar não faz diferença
pois quem trabalha com a escrita
sabe que isso é verdade, sim
conseguem sentir a presença
da aura quente que nos fita
do hálito em nossa nuca
da sensação que não caduca
de ter ao encalço um querubim

Soneto da (in)fidelidade

Para ti, meu amor, serei amante fiel,
por mais que nos amemos nas noites secretas
por mais que não sejamos almas libertas
juro-te plena paixão por baixo do véu.

Tu és meu porto, guia-me quando estou ao léu,
aquém, ao meu peito, o teu amor decretas,
quando estamos juntos somos almas completas,
que foram separadas por tirano cruel.

Dar-te-ei minha vida e amor de bom grado,
e nada peço em troca, só quero falar-te,
que sintas o verdadeiro viver em gozo.

Embora escondamo-nos do outro lado,
no fundo, sabemos que nós fazemos parte
da loucura de um belo amor pecaminoso.

Desejos internos

Os meus, os seus
os nossos desejos
são internos
insaciavelmente incontroláveis
incontrolavelmente insaciáveis
são selvagens
mandam na gente
têm vontade própria
seja consciente
ou inconsciente - mente
desejos surgem
de repente

Água-viva

Nem terra, nem fogo, nem ar
eu sou vida, eu sou água
que dos olhos deságua
de todos os amantes
o meu curso é errante
mas sempre se acaba
nas águas salgadas
do meu mar de mágoas

Ascendência

Sou alguém escorregadio, liso
não à toa, sou peixes
por isso, não me deixes
nem por um instante
senão seguirei adiante
que isto te sirva de aviso

Se me dá saudade, repriso
amo tudo a todo tempo
eu crio meus amores, invento
quase não durmo, mas sonho
sou um bobo triste risonho
um personagem impreciso

Também sou um tanto indeciso
levo essa vida tresloucada
mas por baixo dessa camada
meu coração é remendado a cuspe
então, não me culpes
se me falta juízo
é porque me arrancaram os sisos

Desambição

Eu sou um louco vadio poeta
o meu lugar é na sarjeta
quero habitá-la
quem sabe uma vala
só tenho a escrita como meta

Cabo de mim

Sofro dores indizíveis
e todo o fado do mundo
e tristezas sem fim
guardadas no fundo
de gavetas, em papéis
pois não cabem em mim

E apesar de tanto
sentir o que não me cabe
pouco a pouco, acabo assim
um louco que sequer sabe
porque todo esse espanto
ao perceber que nem mesmo eu
caibo em mim

Contramão

Todo mundo tem
um tempo de perdição
cigarro e álcool
café e poesia
droga e rock'n roll
porém, mas perdido ainda
é o artista
que não usa
o coração

Não banco o confuso
quero viver de tudo
pois não existe
um só poeta
que não tenha andado
na contramão

Inclassificável

Não me venha com aquela velha teoria,
pois, para mim, literatura não se explica,
é algo que não se aprende com nenhuma dica,
é arrebatadora paixão que a escrita cria.

E não tente denominar minha poesia,
porque a essência da arte não se classifica,
esqueça as regras, rima pobre ou rica,
se não sente a emoção, nada disso adiantaria.

A arte da palavra é algo muito difícil
que deve ser sentida só pelos corações
dos mais sensíveis e dos mais apaixonados.

A literatura é um maldito vício,
necessidade que não apresenta razões
e que todos os poetas estarão destinados.

A tempestade

Na minha vida
tudo é sempre difícil
e não é questão de escolha
pra mim, não existe caminho fácil
talvez seja por isso, querida
que eu tenha tantos vícios
que viva numa bolha
um casulo tão frágil

Entretanto, não me provoque
pois posso dar choque
igual a uma enguia

Sigo meu rumo sem pensar
pois não importa o lugar
o destino me guia

Mas, indiferente a minha vontade
sei que não existirá um só dia
que não me haja tempestade

Meu mal

O meu mal é saudade
essa doença me invade
e corrompe meus sentidos
fico tonto, confuso, abatido
uma pessoa semimorta
a fitar aflito a porta
entre presente e passado

Vaivém

Apresento a solução
para os amores que virão:
apronte seu peito
o amor é imperfeito
mas sempre que vai, deixa um vão

Vaivém II

Apresento a solução
para os amores que virão:
apronte seu peito
o amor perfeito
apenas floresce no chão

Sinto muito

Sinto o vento a tocar a minha face,
sinto a chuva a molhar os meus cabelos,
sinto o sol a aquecer-me assim que nasce
e sinto a areia afagar-me os pés ao recebê-los.

Sinto o perfume da flor, belo e fugace,
sinto o arrepio a eriçar todos os meus pelos,
sinto o frio que a madrugada manda ao meu enlace
e sinto o sumo dos frutos ao comê-los.

Sinto tantas coisas, tenho um sentir profundo,
não digo todos os sentimentos do mundo,
entretanto, faltam poucos a experimentar.

Porém, apesar de sentir quase tudo,
para um deles eu devo ter um escudo:
a sensação que me falta é a de amar.

Negrume

Eu nunca quis amar, tampouco
quis um dia ficar tão louco
o que faça então
se a negra paixão
devora-me pouco a pouco?

Sonhos de poeta

Todos os poetas sonham
alguns sonham tanto
que esquecem da vida
eu sou um deles, no entanto
sonho dentro do sonho da escrita

Todos os poetas sonham
em poder escrever até
aquilo que não lhe cabe
que o poeta fingidor é
todo mundo já sabe

Todos os poetas sonham
e sonham até acordados
e apesar dos próprios conflitos
o acordo já foi firmado:
viemos ao mundo pelos aflitos

Talvez

Veja que situação
entre o sim e o não
possibilidade existe
mesmo sendo triste
de um mero talvez
aí a gente se perde de vez
nas idas e vindas
dessa coisa linda
que se chama paixão

Hi-tech

Cyber café
na praça da Sé
ao lado, José
faminto e sem fé
um mero qualquer

belos iphones
pessoas e fones
números, não nomes
– consomem, consomem
bem me quer, mal me quer

legiões de tabletes
wii-fi e 3G, conectes
blu-rays e HD's , inertes
a tecnologia e a internet
seres vivos, são

o mundo hi-tech
sem freio, nem breque
ainda é um moleque
mas apesar do *tec*, *tec*, *tec*
não tem coração

Amorfina

Sempre volto à mesma sina
a mesma dor que me alucina
é a dos amantes
de hoje e de antes
já me é inútil a morfina

Mar de monstros

Somos todos peixinhos nesse grande mar,
sensíveis, frágeis, indefesos, prepotentes
sendo levados sem rumo pelas correntes,
tolos, a acreditar que somos nós a nadar.

Não somos ninguém, só bactérias sem lar,
que se imaginam serem sublimes e excelentes,
mesmo sendo todos iguais nessas torrentes,
pois estamos destinados a morrer, boiar.

Seremos presas nesse imenso mar de monstros,
cercados por tubarões, polvos e anêmonas,
monstros guiados por ódio e ambição, apenas.

Mas, em meio a tantos possíveis encontros,
temos muitas belezas em nosso caminho
e, por isso, compensa ser monstro marinho.

Aos pedaços

Ninguém nunca compreendeu
essa minha sede de mudança
as minhas idas, partidas
é algo interior, meu eu
uma pessoa que não se cansa
de recomeçar a vida
livre, assim meu espírito nasceu

Contudo, isso não indica
que eu seja desapegado
ou desalmado ou frio
pois todos que ficam
permanecem guardados
num peito que cabe mais mil
e onde a saudade habita

Não sou tão ruim assim
tenho bons e velhos amigos
e no peito ainda me há espaço
mas o que quero dizer, enfim
é que carrego comigo
os amassos, os abraços e os pedaços
de tudo e de todos, dentro de mim

Fogo-fátuo

Sei que às vezes falta tato
não quero parecer ingrato
é que para mim
é simples assim:
o amor é fogo, fogo-fátuo

Beijos sonoros

Eu sou pessoa
de paixão arrebatadora
pois meu amor escoa
pela boca afora
e por todos os poros
poetizando o meu redor

Não rimo à toa
porque o mundo implora
por coisas boas
e a cada verso feito agora
são beijos sonoros
que sussurram amor

Centro

Quero ser centro
cansei dessas beiradas
dessas barreiras
que separam o amor
em fronteiras

A pedra e o caminho

Caro poeta, sou um daqueles que não se entrega,
comecei a vida bem cedo, saí de mansinho,
enfrentei obstáculos e a própria treva,
mas fui responsável por todo meu caminho.

Tem muita gente que no caminho se entreva,
veem rochas e morros no que seria um moinho,
diante da pequena situação que se nega
a culpa de si mesmo em tudo, ah, coitadinho!

Muitos são os que se colocam em desalinho,
saem da estrada e preferem subir a serra,
e o pensamento me vem quando estou sozinho,
será que a culpa é mesmo da pobre pedra?

Seria a pedra a estar no meio do caminho
ou o caminho que estaria no meio da pedra?

Despreocupado

A verdade é que nem
mais sei o que quero
meus desejos vão e vêm
acredite, estou sendo sincero
ao dizer que dessa vida
nada mais espero
e de toda essa loucura
tirei minha lição:
é mais feliz
quem não procura

Contista frustrado

Sou frustrado na prosa
queria romance
nem que fosse
do subúrbio
alguma obra primorosa
mas ficará pra outro dia

O que me resta, por ora
é esse transe
que me veio precoce
esses murmúrios
de versos que vêm toda hora
e imploram por poesia

Na minha cabeça não há lugar para morcegos

No meu peito há abelhas
e na cabeça, morcegos;
pura culpa do meu apego
que vê traição em centelhas.

Na boca há percevejos,
no estômago, taturanas;
sensações dos meus desejos
por mulheres levianas.

Ana

Conheci a Ana
num fim de semana
pessoa bacana
que levei pra cama
transa soberana
que bela era Ana
pessoa sacana
depois que a ama
acende uma chama
seu peito reclama
ela te engana
te deixa na lama
o coração clama
e pranto derrama
pela bela Ana

Pra não dizer que não te amo mais

Pra não dizer que não te amo mais
ainda sinto teu cheiro ao travesseiro,
escuto tua voz durante o dia inteiro,
e à noite surgem os desejos carnais.

Pra não dizer que não te direi jamais,
às vezes, pego-me a pensar ligeiro
sobre quem se arrependeria primeiro
e desistiria desses jogos banais.

Pra não dizer que não será em vão
talvez nisso tudo há uma lição
que ainda não havíamos aprendido.

Pra não dizer que não é nosso fim,
engulho o orgulho, mato um pouco a mim,
ao dizer que eu te amo e estou arrependido.

À Quintana

Muitos barram meu caminho
e estou sempre aqui, tão sozinho
Quintana prometeu
que o céu seria meu
ainda espero ser passarinho

À Bandeira

Queria um dia ter a certeza
se minha poesia teria a beleza
como a de Bandeira
de exímia certeira
simples, mas com muita presteza

Quem sabe um dia o Manuel
responda-me no alto do céu
se a rima destoa
e se a prosa é boa
por ora, Pasárgada vou eu

Amores poéticos

O meu amor
não é igual ao da maioria
é algo único, diferente
é um amor desapegado
é também doido, largado
e pode até parecer indiferente
mas é amor puro, poesia

O meu amor
é todo desmedido
tenho um amor impossível
e muitos outros platônicos
meu amor é todo cômico
é amar o invisível
algo que não possui sentido

O meu amor
é uma coisa louca
é o frio no estômago
é sensação embriagante
é amor simples, de instantes
às vezes doce, às vezes incômodo
um beijo seguido de um soco
é coração cheio e oco,
é algo que nasce e morre na boca

Entre ácaros e pássaros

Ouçam-me bem, moradores do meu colchão
podem caçar outro espaço
pois cansei de dormir só com ácaros
e também só com pássaros
que vêm numa noite e depois se vão

Saudosismo poético

Ah!, se toda essa juventude soubesse
das alegrias de um passado não tão distante,
a garotada a festejar numa quermesse
ou a descer a rua num rolimã vacilante.

A sensação que o explorar a mata fornece,
o nado e a pescaria em água deslizante,
o espinho enfiado no pé e o continuar adiante
ou ficar na rua o quanto pudesse.

Não que a vida de hoje não seja bela,
é que a maioria das pessoas não sabem vivê-la
e aproveitar os simples prazeres do dia.

Por isso, aproveitem enquanto há tempo,
como se o próprio fosse sutilmente lento,
e assim perceberá que em tudo há poesia.

Mar próprio

Não é à toa
que nossas lágrimas
são salgadas
pois todos nós
levamos dentro
um mar de culpa
e solidão

Beija-flores

Gosto de pássaros que voam alto
não dos que dançam no asfalto
muito menos os que usam salto
estes não têm meus amores

Gostos de pássaros que
saibam cantar
dançar no ar
vivem a amar
e beijam flores

Toda poesia

Era toda poesia
toda prosa
criatura fogosa
verdadeira musa
o poeta, conduza
à maestria

Era toda ficção
literatura
pompa, formosura
o desejo da mente
astro regente
da criação

O que me cala

Fui criança de poucas palavras
vim ao mundo calado
vovó dissera-me que nasci
com imensa serenidade
mas agora com certa idade
disse-me ter caído em si
ao perceber que eu havia guardado
todas as coisas não ditas
para serem escritas
quando a poesia adentrasse em mim

Soneto da Morte

Oh!, esquálida sombra homicida
curvar-me-ei perante a ti n'outrora
em tuas asas não desejo guarida
hoje o meu espírito tu não devoras.

Oh!, impetuosa aura que espreita a vida,
apiede-se de minh'alma por ora,
atrases tua ceifa e adies a partida
saias! Voes para longe e vai-te embora.

Peço demasiado e tu tens razão,
mas quem lhe fala é um coração
que não pode deixar o seu consorte.

Dê-me mais tempo que a ti prometerei,
que da próxima vez me entregarei
e de bom grado abraçarei a Morte!

Garras de pedra

O mesmo malandro de sempre
que cresceu dentro de um ventre
com garras de pedra
que também não nega
ser uma gárgula crescente

Conselhos ralos

Ouças o soneto que eu te fiz
para que não te esqueças de mim,
do nosso amor não esperava o fim,
culpo-me por não te fazer feliz.

No início, fui eu que não te quis
eu dizia o não e tu dizias o sim,
não sei por que me sentia assim,
mas, agora, queria tanto um bis.

Não sei explicar esse tal de amor,
nem os sentimentos a lhe compor
e nunca ousaria tentar decifrá-los.

Afinal, de nada me adiantaria,
pois, falta-me amor, falta-me alegria,
então os meus conselhos seriam ralos.

Carta para Irene

Irene, melhor que se precava
porque aquele cara
não vale nada
mande ele à fava,
só quer saber de farra
e te faz de empregada

Irene, puta rapaz feio
credo em cruz, desconjuro,
vem pros meus braços, nega
por que ficou com ele? ainda não creio,
se for por ele ser loiro, eu descoluro,
será que assim você me pega?

Irene, manda ele embora
se quiser, punho ele a punho
e juntamos nossos cacos
vem, nega, me namora,
larga esse cramunho
e vamos pro meu barraco

Irene, é a última vez que pido,
ainda pido a compor,
eu lhe imploro, eu lhe peço,
larga logo esse bandido,
quer maior prova de amor
do que estes meus belos versos?

Ponta de Iago

Noites de agonias,
minhas galimatias
soltas no ar;
sussurros calados,
tristezas e fados
sem despertar.

Em gestos suspeitos,
manias e trejeitos,
há de nascer
as dores do ciúme
um profundo flume
a corroer.

Falácias alheias
meu ego chicoteias,
padeço só;
vivendo incerto,
pesar encoberto,
torna-se pó.

Sensações secretas
a alma segreda
pela paixão;
o fingir por amor
não aplaca a dor
da traição.

Homem das Letras

Sou homem das Letras
da física, entendo quase nada
só sei da física dos apaixonados
um tanto sobre relatividade
e um pouco sobre buracos negros
mas minha especialidade
são as manchas negras
nos corações dos apaixonados
eu verso o verso, a rima e o amor
e o que sei de amor não é pouco
porque o amor não tem idade
conheço bem a atração dos corpos
físicos, chamam-me de louco
mas eu sempre digo o oposto
dos opostos que não me atraem
então prefiro algo composto
pois quem beija, beija
e o perfume da flor pode ser inalado
já beija-flor pode ser sinônimo de amor
no vocabulário de um poeta
exagerado

Poesia canora

A poesia que no meu peito mora
é inconstante, agita-se tanto,
alça voo na noite, no negro manto,
e canta inquieta, como ave canora.

Rompe barreiras e atinge a aurora,
até que no papel eu a transplanto
e acalmo minh'alma, no entanto,
logo volta e aos poucos me devora.

Queria poder, para sempre, soltá-la,
mas gaiola me é imposta contra a vontade,
então só a liberto em solidão.

Porém, nos dias em que essa ave se cala,
sinto-me incompleto, falta a metade
daquilo que chamamos coração.

Carta aberta

Meu caro, senhor
não sei que monstro lhe acomete,
qual demônio lhe persegue,
causando seu temor,
apenas digo: não se entregue
pois a vida nos remete
à felicidade e à dor

Cultivador de cores

Cultivo flores, dores e amores
jardineiro aprendi a ser
ao decorrer dessa vida
tão fatigada, tão sofrida
que me fez entender
a beleza de todas as cores
neste mundo tão cinza

Profetas do mundo

Eu sou a luz
sou a descoberta
da vida e da lida
e das linhas retas
que lhe conduz
à sabedoria

Eu sou a escrita
a mais linda prosa
a frase e a crase
literatura primorosa
a arte infinita
sou poesia

Eu sou Deus
sou profeta do mundo
salvação e religião
um ser oriundo
do alto dos céus
do amor

Eu sou tudo
e mais um pouco
sou paz e país
gênio e louco
sou ensino, sou estudo
sou professor

Retrô

Deita-me a memória os resquícios da saudade,
da simplicidade da vida de uma criança
a brincar entretida, serena e mansa,
sem se preocupar com a realidade.

Flerta-me a lembrança do ardor da mocidade,
do jovem sonhador a que tudo alcança
com alma rebelde cheia de vida e confiança
e que enfrenta a vida sem medo da maldade.

Desgraça-me os conflitos da vida adulta
correria monótona e intensa disputa
por tudo aquilo que não nos faz feliz.

Consolo-me apenas com a poesia
nos momentos tristes, ela me acaricia,
e em estrofes e versos, revivo o que não fiz.

O poema dos lábios

Minha mente ensandecida
nada sabe, nada faz
do que me vale um cérebro,
se não sadio, se não sagaz,
do que me serve a vida
com um só anseio,
sem mais desejos,
do que me vale a arte,
se nem ao menos a poesia
compara-se aos seus beijos?

Se Deus me desse asas

Sou nômade sem lar
vim de lugar nenhum
e pra lugar nenhum vou
nem mesmo sei quem sou
alguém distante, incomum
mas quem sabe possa me levar

Eu só sei que sou da rua
porém, se Deus me desse asas
seria a minha alforra
viajaria mundo a fora
de corpo limpo, alma nua
quem sabe iria à lua
ou talvez pra sua casa

Cães de rua

Ontem à noite pensei ter ouvido
alguém a gritar meu nome lá fora
e por mais que estivesse ofendido
fiquei feliz por não ter ido embora.

Esperava vê-la ao portão agora
mesmo que há anos tivesse partido
mesmo que viesse grisalha senhora
minhas lágrimas não teria contido.

Porém, percebi que era ilusão
o que havia lá fora era um cão
a uivar cabisbaixo para a lua.

Foi quando percebi tal ironia
aquele uivo eu também repetia
quando sempre sentia saudades tua.

Poema do tédio

Não sei o que faço
pra acabar com meu tédio
as minhas companhias
são cigarros – maços
as construções – prédios
e a minha casa – vazia

Não cito a poesia
porque nessas horas
a maldita me despreza
vem e leva
minhas palavras embora

Pássaros

O cantar dos pássaros leves
por mais que sejam breves
devem ser ouvidos
oh, pássaros queridos
nunca entrem em greve

O cantar dos pássaros perdidos
das penas e asas cansadas
não devem ser caladas
então abram os teus bicos
pois não podem haver cantos esquecidos

O cantar dos pássaros alheios
que se espalham por todos os meios
devem ganhar o céu
cantem e cantem sem freio
pois nenhum pássaro deve ter receio
de ser tão belo menestrel

Um soneto ou versos inacabados

Oh! Flor do céu! Oh! Flor cândida e pura!
Semeia-se no triste coração.
Oh! Flor do céu! Oh! Flor de alva ternura!
Exala o pecado sem salvação.

Oh! Flor do céu! Oh! Flor tão delicada!
Desabrocha, floresce em tentação.
Oh! Flor do céu! Oh! Flor mais desejada!
Enraíza em solo de perdição.

Oh! Flor do céu! Oh! Flor de adoração!
Germina a alma e a dilacera.
Oh! Flor do céu! Oh! Flor de uma paixão!
Planta-se internamente, traz guerra.

Oh! Flor do céu! Oh! Flor de vil mortalha!
Ganha-se a vida, perde-se a batalha.

Overdose

Não há nada
em que eu não me arrisque
na poesia da vida
na prosa do amor
e pra isso, só preciso
de duas doses:
uma pequena de *whisky*
e uma *overdose*
de Leminski

Soneto da Inconstância

Consideram-me um ser ultrapassado,
dos tradicionais, louco classicista,
mas não sou assim, tenho a alma toda mista,
somente preso o escrever regrado.

Por isso, chamam-me: – Degenerado!,
por não ser tido como modernista
versar como faz o malabarista
a lançar-me aos ares, exasperado.

Nada contra aos que seguem essa arte
quem sabe um dia eu também faça parte
e largo mão de ser tão correto.

Mas, por ora, continuo a metrificar,
a inconstância das sílabas é mar,
portanto, eis aqui mais um soneto.

Intercidades

Saudade das pessoas
e da correria
que mora lá
pois lá não há
quem não caiba
há sempre um vão

Saudade dos prédios
e dos tons de cinza
cor mais bela
olhe pela janela
a lua prateada
e diga se não tenho razão

Saudade da chuva
da minha terra
da garoa
que me escoa
pelos olhos e coração

Inefável

Não me diga aquele nome
pois vil pessoa me consome
causa calafrio
e me desespera
ao mesmo tempo em que acende
sentimento que prescinde
meu coração vadio
que ainda a espera

Vejam só, mas quem diria
que ainda hoje em dia
que neste momento
o meu peito clama
por alguém que não merece
mas que agora me aquece
velhos sentimentos
de quem ainda ama

Fotofobia

De tudo aquilo
que cega
sou imune, tenho barreira
e não há treva
escuridão ou negrume
que me cause cegueira

Tenho essa terceira pálpebra
que não me deixa cegar
e você sempre lembra
da minha misticidade
e diz que minha pisciania
é imensa como o mar

Nem a luz do sol
que me chega
impede-me de enxergar
vejo o amor, vejo a alma
vejo a luz, vejo o ar
vejo tudo
e em tudo vejo
poesia

Só não sou imune
ao amanhecer e ao entardecer
dos seus olhos
pois a luz dos seus olhos
sempre me causam
fotofobia

Autodestrutivo

Fiquei muito tempo a vagar perdido
e nem sei ao certo por qual motivo
talvez por eu ser autodestrutivo
talvez por na vida não ver sentido.

Só segui esse caminho indefinido
ao decidir não ser um primitivo
pois de nada do mundo eu me privo
por mais que seja sempre repreendido.

Talvez isso ainda me leve à perdição
mas desses prazeres não abro mão
vou cedo pra cova com tantos vícios.

Portanto, morro, mas morro liberto
tendo a morte como destino certo
não faço da vida um desperdício.

Jogo de cama

A minha cama é meu algoz
pois cabe tudo, o mundo inteiro
café, papel, tinta e cinzeiro
o nosso amor, cabe nós

Toda sua poesia, caberia
se quisesse, se ficasse
e eu beijaria pela manhã a face
do poeta de todos os dias

E agora me encontro a sós
solitário, a cama vazia
então percebo que desconhecia
a imensidão dos meus lençóis

Microscópico

Meus amores:
elas, eles, tu...
não me analisem
sou muito complexo
pra ser visto a olho nu

Telescópico

Só necessito
de poucos instantes
pra reconhecer um desalmado
pois pra algumas pessoas
a própria **ALMA**
é a estrela mais distante

Vedes o mar

Vedes o verde mar
das montanhas do céu
com nuvens-espuma
na maré dos ares
dançar... venvais, vaivéns
vedes também
lá no alto, o brilho estelar
dos nossos-eus crianças
a sorrir e a brincar

Vedes o azul sereno
daquele belo par de olhos
daqueles olhos, daqueles olhos
que só sabem amar...
vedes a lembrança
daquele ponto no céu
que nesta hora, que neste dia
sou eu

E nessa imensidão azul
onde não sei o que é céu,
montanha ou mar
beijei o sol, astro-rei
e lembrei dos meus
então quis te contar
que ontem eu vi Deus
e voltei

O tempo e o vento

Ontem e amanhã
passado e futuro
– presente imaturo –
mas tudo o que vem, vai
e o que virá se desfaz
transpassa como o vento
e num breve momento
já não existe mais

Flor de lótus

Olhos cerrados para não ver
tudo aquilo que nega ser
mas quando conseguir abri-los
todos verão como teus brilhos
são verdadeiras flores de lótus
a despertar dos mortos
e de todos os rótulos
impostos pelos cegos

O mais belo Ode

Nem um prisma seria capaz
de refletir a luz que emana
dos meus olhos quando a vejo
luz que nem mesmo o sol traz
pois incomensurável é minha gana
pois insaciável é meu desejo
pelos teus lábios e pelos teus beijos

Nem mesmo o canto de um tenor
poderia representar o grito
emitido pelo meu peito
tão agoniado a compor
o acorde mais aflito
da mais bela ode de amor já feito

Soneto do desassossego

O desassossego que me entranha a alma,
que tortura, maltrata, fere e consome,
como uma fera a rasgar-me ao matar a fome,
sem piedade alguma, meu coração espalma.

Por mais que eu tente sempre manter a calma
ele vem ao meu ouvido gritar seu nome,
leva-me à loucura e de repente some,
mas antes de partir minha vida empalma.

Quando penso estar livre, volta e estraçalha,
queima meu peito como o fogo queima a palha,
deixa-me sozinho, perdido e sem alento.

Oh! Desassossego, dê-me um breve instante,
para que eu dê cabo de mim, irei adiante,
após ver um último sol deitar sangrento.

Sal de saudade

O mar me chama
para navegá-lo
sussurra ondas, estalos
da maré de verão
que tanto me satisfaz

o mar trama
uma ressaca, um abalo
e leva-me no embalo
serei eu e a imensidão
e ninguém mais
por toda eternidade

o mar me espera
nos lençóis de espuma
e correnteza alguma
tira-me do mar aberto
serão noites insones

oh, mar, quem dera
ser parte de ti, em suma
ser tudo e coisa nenhuma
tê-lo ainda mais perto
e poder dizer teu nome

entretanto, só me resta sal...
dade

Amores de verão

Já tive tantos amores de verão
que nesta altura do campeonato
não me satisfazem mais
quero viver amores reais
portanto, abro mão dos insensatos
pois todos esses passarão

Contudo, sinto-me tão sozinho
e muitas vezes não cumpro a promessa
todos sabem que os poetas não prestam
e amam feito um cão, então
a estrofe anterior, esqueçam
continuarei a amar os passarinhos

Amores de inverno

Vejo tanta gente
tendo quatro amores
dentro do período de um ano
– do outono urbano
à estação das flores –
tendo algum amor eterno
um acalanto no inverno
algum corpo que lhe esquente

Já me passaram
– passageiramente –
vinte poucos anos vividos
e por mais que sejam bem-vindos
ainda não encontrei
alguém a quem hei
de amar perdidamente

E entre tantas juras falsas
e banais e vãs e irreais
quero amar também
– verdadeiramente –
mesmo que caia em pranto
mesmo que não me caia bem
aliás, poeta também é gente
e ama (inigualavelmente)
então, porque eu que amo tanto
estou sem ninguém?

Deusverno

A venerar tal deus maldito
não sei se eu calo ou grito
o que me sussurram
da escuridão
então só deixo por escrito

Sujeitos

De todos os sujeitos
da língua portuguesa
eu tenho a certeza
que o que mais tortura
maltrata e perdura
é o sujeito oculto
que levamos no peito

Suicídio

Ser poeta é .
.
.
.
.
.
.
.
.
.
.
.
.
.
.
.
...
...
...
. .
. .
. .
. **suicídio** .
. .
. .
. . .

Haicais do esquecimento

Rasguei nossas fotos
para nunca mais te ver
– os olhos apostos.

Desgravei as mensagens
para nunca mais te ouvir
– sonoras viagens.

Queimei as tuas cartas
para nunca mais te ler
– palavras ingratas.

Contudo, não posso
apagar-te da memória
– sentir é ócio, nosso.

Só por não saber fazer haicais

Eu quero criar haicais:
escrevo, rasgo, amasso,
porém, nada sai.

O toque do vento
por mais suave que seja
não causa alento.

Já dizia o poeta:
da vida, nada nos resta,
então, faça festa.

Sigo meu caminho,
mas não sei quem sou,
só sei para onde vou.

Que a verdade seja dita:
ganha a conquista
quem faz fita.

Definho aos poucos,
que culpa tenho eu
de nascer assim tão louco?

"Adeus! Até nunca mais"
dizia o bilhete
tirando-me a paz.

Nossa relação
significou nada
foi uma mera paixão.

Almoço aos domingos

hipocrisia à mesa
prefiro os amigos.

Aquele que lavra
o parágrafo e o verso
merece a palavra.

Adoro pinturas,
mas não há nada melhor
que boa leitura.

Tão misteriosa
quanto a própria Esfinge
é a menina Rosa.

Não me deixe só
sem você sou como as notas
sem escala em Dó.

Principal necessidade:
é a de escrever,
o resto é metade.

www.ingramcontent.com/pod-product-compliance
Lightning Source LLC
LaVergne TN
LVHW050326160826
845677LV00014B/3544

* 9 7 9 8 8 4 9 3 9 3 9 0 2 *